BLA BLA BLA

Fredrik Colting et Carl-Johan Gadd

TORNADE

ISBN : 978-2-35486-004-2

Dépôt légal : juin 2007

Titre original : *Bla Bla, 600 incredibly useless facts*

Imprimé en Italie

© 2005 Nicotext

© 2007 Tourbillon, pour l'édition française.

Que dire quand on n'a rien à dire ? Pour briser la glace, rien de tel qu'une mine de faits surprenants, hilarants ou déconcertants. Grâce à ce petit livre, plus de longs silences gênés et de regards fuyants. Lancez la conversation, épatez la galerie avec des connaissances tout à fait inutiles mais absolument renversantes.

Préface

Tous les faits rapportés dans ce livre sont absolument vrais.

D'occultes scientifiques en costume noir, opérant dans les laboratoires top-secret de Tornade, les ont scrupuleusement vérifiés avant de les rendre publics.

Si, contre toute vraisemblance, une des informations se révélait fausse, nos scientifiques mettraient un point d'honneur à réexaminer la question pour mettre à jour leurs données.

Pour tous ceux qui doutent encore et qui se demandent si c'est vraiment vrai...

OUI, ÇA L'EST !

Le premier walkman a été commercialisé en 1979.

LE PREMIER PDG
DE LA SOCIÉTÉ
MARLBORO EST MORT
D'UN CANCER
DU POUMON.

IL EXISTE PLUS
DE 500 PHOBIES.
L'UNE DES PLUS RARES
EST L'ALOPOPHOBIE :
LA PEUR DES CHAUVES.

Sur les 17 000 avions
en activité dans le monde,
il y en a toujours 4 000 en vol.

Madagascar,
au large des cités
est-africaines, est
la quatrième plus
grande île du monde.

Le vrai nom de Charles Bronson est Charles Buchinsky.
Celui d'Eric Clapton, Patrick Clapp.

35% DES PERSONNES QUI PASSENT DES PETITES ANNONCES DE RENCONTRE SONT DÉJÀ MARIÉES.

Jusqu'au début du XXe siècle,

on trouvait de la cocaïne pure

en vente libre chez Harrod's,

le grand magasin londonien.

Le grand-père de REMBRANDT était boulanger.

Contrairement à ses frères, le comédien Harpo Marx fut célèbre pour n'avoir énoncé aucun mot de toute sa carrière cinématographique. Dans la vie, Harpo n'avait aucun problème d'élocution.

Big Ben, la cloche de l'horloge officielle de Londres, donne toujours l'heure exacte. En 1945, elle prit cinq minutes de retard à cause d'étourneaux qui s'étaient perchés sur l'aiguille des minutes.

Il y a des feux de signalisation dans les canaux de Venise.

« École » vient du mot grec
« skholê » qui veut dire « loisir »,
le temps consacré
aux exercices de l'esprit.

À Montpelier, une ville du Vermont,
aux États-Unis, se tient tous les ans le concours
de la paire de baskets la plus usée.
Le concours est baptisé : "le concours annuel
et international des baskets les plus pourries".

Le gallium est un élément métallique
aux propriétés physiques singulières.
Si vous mettez une pièce de gallium
au creux de votre main, vous la verrez
fondre à vue d'oeil. Sa température
de fusion est en effet de 29,76 degrés Celsius.

Un élan possède quatre estomacs.

Les apparitions d'Alfred Hitchcock dans les films qu'il a réalisés sont devenues la signature du maître. Il y a pourtant 25 films dans lesquels il n'apparaît pas.

Les dents d'un rat poussent d'environ 15 cm par an.

ADOLF HITLER EST NÉ EN AUTRICHE, MAIS IL S'EST INSTALLÉ EN ALLEMAGNE POUR ÉCHAPPER AU SERVICE MILITAIRE.

L'HYMNE NATIONAL
JAPONAIS EST LE PLUS
VIEIL HYMNE DU MONDE.

Un crocodile ne peut pas
tirer la langue.

Au cours d'une journée ordinaire, votre main entre en contact indirect (mains pas lavées !) avec quinze pénis.

Stevie Wonder

a débuté sa carrière à **12 ans.**

La Hollande n'est pas
un pays, comme beaucoup
de gens le croient.
C'est une région
des Pays-Bas.
Ses deux provinces
ne recouvrent d'ailleurs
qu'un sixième du territoire
néerlandais, appelé
Pays-Bas
depuis le XVIe siècle

Une vache rote
toutes les 40 secondes.

Avant de prendre un pseudonyme,
Demi Moore s'appelait
Demetria Guynes
et Walther Matthau,
Walter Matushanskatasky.

L'âge moyen d'un propriétaire de Porsche est de 49 ans tandis que celui d'une Harley Davidson est de 52 ans.

Les Aborigènes d'Australie ont plus de dents que le reste de l'humanité.

À Fairbanks, en Alaska, une loi interdit aux élans d'avoir des rapports sexuels dans la rue.

Un homme a en moyenne
7 200 orgasmes
au cours de sa vie.

La vitesse moyenne d'un orgasme masculin est de 28 km/h.

LES BALEINES
N'ONT PAS DE
CORDES VOCALES.

55 % seulement
des Américains
savent que
le soleil est
une étoile.

Le vrai nom de James Dean
est James Byron,
et celui de Whoopi Goldberg,
Caryn Johnson.

ON AURAIT
UNE CHANCE SUR
DEUX MILLIONS
DE MOURIR
EN TOMBANT
DE SON LIT.

On avalerait en moyenne trois
araignées par an.

À 9 ans, Einstein avait des difficultés d'élocution. Ses parents craignaient qu'il ne soit attardé.

La plupart des appels en PCV sont passés le jour de la fête des pères.

GEORGE WASHINGTON FAISAIT POUSSER DE LA MARIJUANA DANS SON JARDIN.

EN NAGEANT
UNE HEURE
DANS UNE PISCINE
PUBLIQUE, VOUS
ENTREZ EN CONTACT
AVEC ENVIRON
1,4 LITRE D'URINE.

Plus de 110 milliards de tampons
ont été vendus depuis 1936.

Si vous avez excessivement peur des hommes, vous souffrez peut-être d'androphobie.

SANS EAU, UN RAT VIT PLUS LONGTEMPS QU'UN CHAMEAU.

On inhalerait
environ 105 m³
de pets d'autres
personnes par jour.

MOHAMMED
EST LE PRÉNOM
LE PLUS RÉPANDU
AU MONDE.

Un homme moyen ingère

près de 50 000 kilos

de nourriture

au cours de sa vie.

La plupart des gens mettent moins de sept minutes à s'endormir.

Durant un voyage dans l'espace, on a découvert que les crapauds pouvaient vomir.
Le crapaud éjecte son estomac hors de sa bouche, puis avec ses pattes avant, il enlève ce qu'il y a dedans. Une fois les parois de son estomac bien propres, il remet le tout en place en l'avalant, tout simplement.

Le corps humain contient suffisamment de gras pour fabriquer sept
blocs de savon et suffisamment de fer
pour un clou de plus de
17 centimètres de long.

Vingt-six
astronautes
ont déclaré
avoir vu
des OVNIS
pendant qu'ils
étaient en orbite
autour de la Terre.

LE CERVEAU UTILISE DIX FOIS PLUS D'OXYGÈNE QUE LE RESTE DU CORPS.

Le testicule droit d'un Occidental pèse deux fois plus que celui d'un Asiatique qui pèse en moyenne 9,92 grammes.

LA CHAUVE-SOURIS
EST LE SEUL
MAMMIFÈRE VOLANT.

**LORS DE SES CAMPAGNES
NAVALES, LORD NELSON
A PERDU UN ŒIL ET UN BRAS.**

Le « Big Kahuna Burger » ne se déguste pas seulement dans *Pulp Fiction*. On le trouve au menu de deux autres films de Quentin Tarantino : *Une nuit en enfer* et *Reservoir Dogs*.

CERTAINES POULES PONDENT DES ŒUFS VERTS.

IL N'Y A PAS DE POISSON DANS LA MER MORTE.

Les fourchettes de table ont été inventées pour manger les pâtes. Pendant des siècles, les Napolitains ont dégusté leurs macaronis avec les doigts. Mais, à la table royale, où les convives étaient revêtus d'atours brodés d'or et d'argent, de telles manières étaient fort mal vues.

Le roi Ferdinand d'Espagne, grand amateur de macaronis, a salué avec enthousiasme l'invention de la fourchette.

La guerre de Cent Ans, qui opposa la France et l'Angleterre, s'étira de 1337 à 1453... soit une durée de cent seize ans !

Dans l'industrie cinématographique, le recyclage est en vogue. Les locaux de la compagnie Axis Chemical du film *Batman* ont été construits avec des éléments de décor d'*Alien*. De même, les éléments de toits et d'immeubles de *Matrix* avaient préalablement servi dans le film *Dark City*.

VAN GOGH ET GAUGUIN PARTAGÈRENT
UN ATELIER PENDANT NEUF SEMAINES. LES DEUX
ARTISTES EN VENAIENT RÉGULIÈREMENT
AUX MAINS ET, DURANT UN MOMENT DE FOLIE,
VAN GOGH SE COUPA UNE OREILLE.

SI VOUS SOUFFREZ
D'ONOMATOPHOBIE,
VOUS AVEZ UNE PEUR MALADIVE
D'ENTENDRE CERTAINS NOMS
OU CERTAINS MOTS.

Le plus long escalator au monde se trouve à Saint-Pétersbourg, en Russie. Avec ses 729 marches, il transporte ceux qui l'empruntent sur près de 60 mètres.

CERTAINES PLANTES DE LA FAMILLE DU GUI ONT UNE TECHNIQUE TRÈS PARTICULIÈRE DE DISSÉMINATION. UNE FOIS ARRIVÉE À MATURITÉ, LA PLANTE EXPLOSE ET ÉJECTE SES GRAINES DANS TOUTES LES DIRECTIONS À PRÈS DE 50 KM/H.

LE DISQUE ROUGE, SUR LE DRAPEAU JAPONAIS, SYMBOLISE LE SOLEIL LEVANT.

Van Gogh a réalisé plus de 800 tableaux et 700 croquis, mais il n'a vendu qu'un tableau de son vivant.

En 1970, les scientifiques soviétiques ont essayé de dresser les chats à contrôler des robots. Ce fut un échec.

Chaque année,
aux États-Unis,
treize personnes
meurent écrasées
par des distributeurs.

Le cerveau de l'éléphant
est cinq fois plus gros
que celui de l'homme.

À L'ORIGINE, LES MOMIES ÉGYPTIENNES
N'ÉTAIENT PAS EMBAUMÉES. ELLES
ÉTAIENT DÉPOSÉES DANS LE SABLE
BRÛLANT DU DÉSERT. LA CHALEUR
LES DESSÉCHAIT, ÉVITANT AINSI LEUR
DÉCOMPOSITION.

LES BALEINES PEUVENT AVOIR DES POUX.

LE PREMIER APPAREIL DE MASSAGE A ÉTÉ INVENTÉ EN 1869 ET IL FONCTIONNAIT À LA VAPEUR.

SELON UNE ÉTUDE, LA MOITIÉ DES HOMMES AYANT GRANDI DANS UNE FERME AURAIENT EU DES CONTACTS SEXUELS AVEC DES ANIMAUX.

Le film *H2G2 : le Guide du voyageur galactique*, écrit par Douglas Adams, est à l'origine un feuilleton radio qui a ensuite été adapté en roman.

Par jour de grande chaleur,
plus de 10 tonnes d'eau peuvent
s'évaporer des feuilles d'un grand arbre.

SI VOUS SOUFFREZ DE DENDROPHOBIE, SOIT VOUS N'AIMEZ PAS ÊTRE À PROXIMITÉ D'ARBRES, SOIT VOUS EN AVEZ UNE PEUR BLEUE.

Le niveau sonore d'une conversation banale est d'environ 60 décibels.
Les pleurs d'un bébé peuvent atteindre 90 décibels et le klaxon d'une voiture 110 décibels.

Avez-vous mal à la tête quand vous mangez une glace ? Un tiers de la population mondiale en souffre.

Dans *Moby Dick*, de Herman Melville, la grande baleine blanche est en fait un cachalot.

VOTRE **LIT**

HÉBERGE

GRACIEUSEMENT

2 MILLIONS D'ACARIENS.

Pour jouer le rôle du meurtrier Garland Greene, dans *Les ailes de l'enfer*, Steve Buscemi a demandé au réalisateur s'il devait porter une perruque ou un maquillage spécial pour avoir l'air plus terrifiant. Ce dernier lui a répondu qu'il était largement assez effrayant au naturel.

En 1994, 36 021 voitures mal garées ont été emmenées à la fourrière de New York.

Les producteurs de *Seven* voulaient que le nom de Kevin Spacey apparaisse en tête du générique d'ouverture, mais l'acteur s'y opposa parce qu'il ne voulait pas que les spectateurs devinent qu'il était l'assassin avant même que le film commence. Les producteurs s'inclinèrent et son nom ne figura qu'au générique de fin.

Dans Forrest Gump, Tom Hanks, qui interprète le rôle principal, a les yeux fermés sur toutes les photos de plateau.

Les éclairs mesurent en général entre 3 et 4 centimètres de large, allant jusqu'à 5 centimètres lors de gros orages, mais ils **peuvent atteindre plus de 3 kilomètres de long.**

Près de 100 personnes mourraient
chaque année en s'étouffant
avec un stylo-bille.

Les dentistes américains recommandent de placer les brosses à dents à au moins 1,80 mètre des toilettes pour éviter que des projections d'eau souillée ne les atteignent lorsque l'on tire la chasse d'eau.

« DVD » EST L'ABRÉVIATION EN ANGLAIS DE « DIGITAL VERSATILE DISC » ET NON DE « DIGITAL VIDEO DISC ». EN FRANÇAIS, ON TRADUIT ÇA PAR « DISQUE NUMÉRIQUE POLYVALENT ».

EN 1948, LEONARD MALTIN A SIGNÉ LA CRITIQUE LA PLUS COURTE DE L'HISTOIRE DU CINÉMA POUR LE FILM *ISN'T IT ROMANTIC ?* (*N'EST-CE PAS ROMANTIQUE ?*), EN RÉPONDANT TOUT SIMPLEMENT : « NON. »

Dans *Cars*, le film en 3D de Pixar, les voitures vont au *drive-in* et voient tous les anciens films du studio d'animation en version motorisée.

Dans la mythologie grecque, Eros est le dieu de l'amour. Les Romains le rebaptisèrent Amour ou Cupidon.

À sa sortie en 1979, *La Vie de Brian*, le film des Monthy Python, fut interdit en Norvège. Le film ne put y être projeté qu'un an plus tard.

**SELON LA LÉGENDE,
L'EMPEREUR AZTÈQUE
MONTEZUMA
BUVAIT 50 TASSES
DE CHOCOLAT PAR JOUR
DANS DES GOBELETS
EN OR MASSIF.**

LE NOM COMPLET DE LOS ANGELES EST « PUEBLO DE NUESTRA SENORA LA REINA DE LOS ANGELES DEL RIO DE PORCIUNCULA », C'EST-À-DIRE LE « VILLAGE DE NOTRE-DAME LA REINE DES ANGES DE LA RIVIÈRE DE PORCIONCULE ».

L'eau lourde pèse 10% de plus que l'eau ordinaire.

Après avoir interprété Martini à l'affiche de *Vol au-dessus d'un nid de coucou* sur une scène de Broadway, Danny De Vito reprend le rôle au cinéma quelques années plus tard, aux côtés de Jack Nicholson.

En 1984, l'aventurier belge Bruno Leunen a acheté le billet d'avion le plus long au monde. Avec 109 escales et les services de 80 compagnies aériennes, le billet imprimé faisait plus de 12 mètres de long !

Le briquet a été inventé
avant les allumettes.

**TOUS LES OURS
POLAIRES SONT
GAUCHERS.**

Les femmes clignent
presque deux
fois plus des yeux
que les hommes.

UNE VACHE
PEUT MONTER
DES ESCALIERS,
MAIS PAS
LES DESCENDRE.

**SEULE UNE PERSONNE
SUR 2 MILLIARDS
VIVRAIT JUSQU'A
116 ANS OU PLUS.**

NOTRE MOELLE ÉPINIÈRE MESURE
ENVIRON 40 CENTIMÈTRES
DE LONG MAIS PÈSE MOINS
DE 30 GRAMMES.

Les perles de culture se dissolvent dans le vinaigre. Cléopâtre en aurait avalé une dissoute dans un verre de vinaigre au cours d'un repas avec Antoine.

LES PAPILLONS ONT LES PAPILLES GUSTATIVES AU BOUT DES PATTES.

Le phoque est un pinnipède,
du latin *pinna* qui veut dire
« nageoire » et *pedis*
qui veut dire « pied ».

L'unité de temps la plus longue est
le « kalpa ». Selon le système de mesure
védique, un kalpa dure 4,32 milliards
d'années, soit le temps nécessaire pour
faire disparaître une montagne plus
haute et plus dure que l'Himalaya en
l'effleurant une fois à la fin de chaque
siècle avec un mouchoir en soie.

CLARK KENT ET SUPERMAN N'ONT PAS LA RAIE DES CHEVEUX DU MÊME CÔTÉ.

L'organisme vivant le plus vieux au monde est un végétal : un pin Huon de Tasmanie âgé de plus de 10 000 ans. Il s'est épanoui tout au long du développement culturel humain et fait la taille d'un immeuble.

DANS *LA RUÉE VERS L'OR*, LE PERSONNAGE JOUÉ PAR CHARLIE CHAPLIN MANGE SES PROPRES CHAUSSURES. HEUREUSEMENT POUR LUI, ELLES ÉTAIENT EN RÉGLISSE.

L'un des objectifs de la Chine populaire est que chaque citoyen puisse manger 200 œufs par an. La population de la Chine étant d'environ 1,3 milliard de personnes, on estime qu'il faudrait nourrir 1,3 milliard de poules avec plus de grains que l'Australie n'en produit par an.

Certains poissons tropicaux savent grimper aux arbres, et ce jusqu'à près de 10 mètres de haut ! La plupart d'entre eux sont tellement bien adaptés à l'air libre qu'ils se noieraient si on les maintenait sous l'eau trop longtemps.

En Arizona, il est interdit de lécher les Bufo Alvarius. Cette variété de crapaud sécrète en effet une substance hallucinogène. Certains toxicomanes lèchent cette drogue à même l'animal tandis que d'autres en grattent la peau pour en fumer le venin.

L'EAU EN BOUTEILLE COÛTE PRÈS DE **MILLE FOIS PLUS CHER** QUE L'EAU DU ROBINET.

Selon les mathématiciens, il faut battre un jeu de cartes au moins sept fois pour pouvoir être absolument certain que les cartes ne seront pas dans le même ordre qu'au départ.

QUEL EST L'OBJET AVEC LEQUEL
LES AMÉRICAINS S'ÉTOUFFENT LE PLUS
SOUVENT ? UN CURE-DENT.

Dans *Pulp Fiction*, le film de Quentin Tarantino,

toutes les montres indiquent 4 h 20. Ce serait

un clin d'œil à l'inventeur du LSD, Albert Hoffman

qui a fait son premier trip au LSD le 19 avril 1943

à 4 h 20 de l'après-midi.

On a tous environ 100 000 cheveux et on en perd entre 50 et 100 tous les jours. Les blonds en ont autour de 140 000, les roux 90 000 et les bruns entre les deux.

IL EXISTE UNE SOCIÉTÉ INTERNATIONALE
DONT LE SEUL BUT EST D'INFORMER LE MONDE
DU CARACTÈRE MENSONGER DE LA SCIENCE.
SES MEMBRES AFFIRMENT, ENTRE AUTRES,
QUE LA TERRE EST PLATE ET QUE LA DISTANCE
ENTRE LA TERRE ET LE SOLEIL EST
DE 5 183 KILOMÈTRES ET NON DE 150 MILLIONS
DE KILOMÈTRES.

La reine Elizabeth Ire d'Angleterre ne lésinait pas sur le maquillage. À sa mort, elle portait une couche de rouge à lèvres de 8 millimètres d'épaisseur.

QUAND UN CHIEN GRATTE
LA TERRE APRÈS AVOIR FAIT
SES BESOINS, CE N'EST PAS
POUR LES RECOUVRIR. IL N'A CURE
DE LA PROPRETÉ DE SON
ENVIRONNEMENT, IL ACTIVE
LES GLANDES ODORANTES
SITUÉES DANS SES PATTES,
LAISSANT AINSI UN MESSAGE
OLFACTIF DANS SON SILLAGE.

**D'après les statistiques,
il faudrait prendre l'avion
tous les jours pendant
dix-neuf mille ans
avant d'avoir un accident
sur une ligne intérieure
des États-Unis.**

On fatigue plus ses cordes
vocales en murmurant qu'en
parlant normalement.

Ralliant Moscou à Vladivostok, le Transsibérien est la plus longue voie ferrée du monde.
Elle traverse pas moins de 990 gares et fait 9 238 kilomètres. Pour un aller simple, il faut compter sept jours de voyage.

En 1964, les spectateurs découvrent la première reproduction d'un laser dans *James Bond : Goldfinger*.

En 1969, la capsule Apollo 11 emmène le premier homme vers la Lune. La technologie utilisée à l'époque est moins avancée que celle des ordinateurs et des calculatrices d'aujourd'hui.

DAVID PROWSE, L'INTERPRÈTE DU PERSONNAGE DARK VADOR DANS LES ÉPISODES IV, V ET VI DE *LA GUERRE DES ÉTOILES*, IGNORAIT QUE C'ÉTAIT UN AUTRE ACTEUR, JAMES EARL JONES, QUI ALLAIT PRÊTER SA VOIX À SON PERSONNAGE. IL NE L'A DÉCOUVERT QU'À LA PREMIÈRE DU FILM.

Le Globen Arena, construit à Stockholm de 1986 à 1988, est le plus grand bâtiment hémisphérique du monde.

La *Peidole Harrison fordi*, une espèce de fourmi récemment découverte en Amérique Centrale, a été ainsi baptisée en hommage à Harrison Ford, qualifié parfois d'« Indiana Jones de l'environnement ».

EN ÉTERNUANT, VOUS PROJETEZ
20 000 MINUSCULES GOUTTES DE SALIVE
À PRÈS DE 4 MÈTRES. PENSEZ À METTRE
LA MAIN DEVANT VOTRE BOUCHE !

Les clémentines sont issues du croisement entre la mandarine et l'orange amère, et doivent leur nom au père Clément, un religieux Français ayant vécu au début du XXᵉ siècle.

LE FÉMUR ET LE TIBIA PEUVENT
SUPPORTER UNE PRESSION
VERTICALE DE PRÈS D'UNE TONNE,
LE POIDS MOYEN D'UNE VOITURE.

Au cours d'une existence moyenne
de soixante-dix ans, vous respirez
600 millions de fois, au rythme
de 125 millions de pulsations cardiaques
et de 350 millions de clignements
des yeux.

Le gros intestin produit entre 8 et 11 litres de gaz par jour. Vous en émettez environ 1 litre et les parois intestinales absorbent le reste.

Selon le *Guiness des records*, la réplique cinématographique la plus connue au monde est : « Mon nom est Bond, James Bond ».

Durant la Seconde Guerre mondiale,
les Allemands ont démasqué plusieurs espions
américains rien qu'en observant leur façon
de manger. Les Américains coupent en effet leur
steak en plus petits morceaux que les Allemands.

Le plus gros calcul rénal de l'histoire
de la médecine pesait 356 grammes
et mesurait 11,86 centimètres
dans sa plus grande largeur.

Mesurant entre 5 et 7,5 centimètres, le colibri ou oiseau-mouche est le plus petit oiseau du monde. Il peut battre des ailes plus de 80 fois par seconde et il est le seul oiseau capable de faire du vol stationnaire.

Entre 1788 et 1868, la Grande-Bretagne a déporté 155 000 prisonniers en Australie, qui était alors une colonie britannique.

Si la Terre était parfaitement plate et lisse, elle serait couverte d'eau sur 150 mètres de hauteur.

Dans *Bons baisers de Russie*,
l'auteur de James Bond,
Ian Flemming, fait
une brève apparition
comme simple passant.

LES ÉLASTIQUES DURENT PLUS LONGTEMPS À BASSE TEMPÉRATURE.

Ce n'est pas un homme, mais un symbole qui fut le premier déporté en Sibérie. En 1591, suite à l'assassinat du fils du tsar, des habitants de la ville d'Uglich manifestèrent leur mécontentement en faisant sonner la cloche de la ville. La riposte fut sans merci. Les agitateurs furent arrêtés et battus avant d'avoir la langue coupée. La cloche fut défoncée à coups de marteau et le battant enlevé. Puis, pour la condamner définitivement au silence, elle fut déportée en Sibérie.

Les moteurs de certains bateaux possèdent des caractéristiques acoustiques similaires au chant des baleines grises. Au Mexique, ces dernières viennent se frotter le dos contre la coque des bateaux de pêche.

À TRÈS BASSES TEMPÉRATURES, NOTRE SENSIBILITÉ THERMIQUE SE DÉRÈGLE COMPLÈTEMENT. JUSTE AVANT DE MOURIR CONGELÉ, ON A L'IMPRESSION D'ÊTRE EN FEU. CELA EXPLIQUE CERTAINEMENT POURQUOI DES PERSONNES RETROUVÉES MORTES DANS LE FROID S'ÉTAIENT DÉSHABILLÉES.

Certaines pieuvres vivent
à des profondeurs abyssales.
Au lieu de lâcher un jet d'encre,
elles émettent un nuage lumineux,
beaucoup plus efficace dans l'obscurité
totale pour aveugler les prédateurs.

Marilyn Monroe aurait eu six orteils à son pied gauche. Mythe ou réalité ?

La lunule, le petit croissant blanc
qui se trouve à la base de l'ongle,
est une poche d'air dont rien n'explique
ou ne justifie la présence.

Si l'on fabriquait un pain
avec la consommation mondiale
annuelle de farine, on obtiendrait
une miche de 4 mètres de diamètre,
2 mètres de hauteur et d'une longueur
égale à la circonférence de la Terre.

Les Lego ont été inventés en 1949.
Leur nom vient du danois « leg » qui
veut dire « jouer » et « godt » qui
veut dire « bien ».

L'État du New Jersey fournit
les deux tiers de la production
mondiale d'aubergine.

Descartes, l'auteur du principe philosophique « *cogito ergo sum* » (« je pense donc je suis ») a rendu l'âme en 1649 à la cour de la reine Christine de Suède. Souffrant d'une pneumonie, il n'aurait pas survécu au froid qui régnait dans le château.

Il y a plus de poulets que d'êtres humains sur Terre.

LA TRÈS CÉLÈBRE MOUCHE ESPAGNOLE N'EST PAS À PROPREMENT PARLER UNE MOUCHE, MAIS UN COLÉOPTÈRE. SÉCHÉE ET RÉDUITE EN POUDRE, ELLE AURAIT DES VERTUS APHRODISIAQUES MAIS, À FORTE DOSE, ELLE EST MORTELLE. LA DERNIÈRE VICTIME D'EMPOISONNEMENT A ÉTÉ RECENSÉE DANS LES ANNÉES 1960.

LA CARTE DE VISITE PROFESSIONNELLE D'AL CAPONE LE PRÉSENTAIT COMME « NÉGOCIANT EN IMMOBILIER ».

Un poisson rouge aurait une mémoire qui ne va pas au-delà des trois dernières secondes.

On arrête plus de kleptomanes
le mercredi que n'importe
quel autre jour de la semaine.

**NOS ROTULES,
CARTILAGINEUSES
À LA NAISSANCE,
NE S'OSSIFIENT
QUE QUELQUES
ANNÉES PLUS TARD.**

SHAKESPEARE A « INVENTÉ » PLUS DE 1 700 MOTS.

C'est un architecte danois, Jørn Utzon, qui a dessiné les plans de l'Opéra symbole de la ville de Sydney. L'édifice est couvert de plus d'un million de tuiles de céramique fabriquées par la société suédoise Höganäs.

Si vous souhaitez acheter un chameau, inutile de vous rendre dans le désert. Le plus gros exportateur de chameaux du monde occidental est norvégien.

Alors que nos yeux ont leur taille définitive dès la naissance, notre nez et nos oreilles se développent jusqu'à la fin de notre vie.

Les chats domestiques ont été introduits en Scandinavie il y a mille cinq cents ans. Auparavant, les gens auraient possédé des serpents domestiques.

Par an, il y a plus de morts causées par des ânes que par des accidents d'avion.

Il faut cent quarante mille stigmates de crocus pour obtenir un kilo de **safran**.

LE CACHALOT POSSÈDE
LE PLUS GROS CERVEAU
DU MONDE ANIMAL.
CE DERNIER PEUT PESER
JUSQU'À NEUF KILOS.

Les grenouilles ne boivent pas d'eau.
Un environnement humide suffit
à les hydrater.

La plus grande densité d'animaux jamais observée est une immense nuée de criquets, en 1874. De la taille de l'Allemagne, cet essaim comptait plus de 12 500 milliards d'insectes et pesait aux alentours de 25 000 milliards de tonnes.

Quelle est l'origine de la couleur Isabelle ?

La reine Isabelle la Catholique aurait fait
le vœu, au siège de Grenade en 1491,
de ne changer de chemise qu'une fois
la ville prise. Malheureusement pour elle,
le siège dura trois longues années.
Vous pouvez imaginer la couleur
de sa chemise après tout ce temps !

**L'émail dentaire est
la substance la plus résistante
produite par le corps humain.**

CHARLIE CHAPLIN A PARTICIPÉ
ANONYMEMENT
À UN CONCOURS DE SOSIE…
DE CHARLIE CHAPLIN !
MAIS IL NE SERAIT ARRIVÉ
QU'À LA TROISIÈME PLACE.

**L'ÉTOILE DE MER A DE DRÔLES D' HABITUDES
ALIMENTAIRES. IL LUI ARRIVE DE CRACHER
SON ESTOMAC POUR ATTAQUER SES PROIES.**

LA BOÎTE NOIRE, SI PRÉCIEUSE POUR DÉTERMINER LES CAUSES D'UN ACCIDENT D'AVION, EST EN FAIT ORANGE. CETTE COULEUR VIVE LA REND PLUS FACILE À LOCALISER SUR LES LIEUX DU CRASH. DE PLUS, IL N'Y A PAS UNE MAIS DEUX BOÎTES. L'UNE ENREGISTRE LES CONVERSATIONS DANS LE COCKPIT, TANDIS QUE L'AUTRE CONTIENT LES INFORMATIONS LIÉES AU VOL.

Lors d'une sieste d'une heure, vous brûlez assez d'énergie pour faire bouillir l'eau de sept tasses de thé.

La guerre la plus courte
de l'Histoire s'est déroulée
le 27 août 1896,
entre la Grande-Bretagne et
Zanzibar. Les combats ont duré
trente-huit minutes.

EN MULTIPLIANT
PAR DEUX LE NOMBRE
D'HABITANTS
DES ÉTATS-UNIS,
ON OBTIENT LE NOMBRE
DE CARTES DE CRÉDIT
UTILISÉES DANS LE PAYS.

Hitler n'aurait eu qu'un seul testicule.

Un fœtus
de 5 mois
a plus de poils
sur le dos
qu'un gorille adulte.

Il n'y a pas si longtemps, quand un prisonnier s'évadait d'Alamos, une prison du Mexique, le garde de service en était jugé responsable et il écopait du reste de la peine de l'évadé.

Les pilotes de chasse engendreraient plus de filles que de garçons, car les chromosomes X, déterminant le sexe féminin tolèrent mieux le stress causé par l'accélération de leur avion que les chromosomes Y, déterminant le sexe masculin.

En moyenne, un être humain aurait 18 petits défauts corporels.

L'ESTOMAC D'UN VAUTOUR
EST TELLEMENT ACIDE
QU'IL NE LUI FAUT QUE DEUX HEURES
POUR DISSOUDRE UN ONGLE.

Pour chaque être humain, il y a plus d'un demi-million d'insectes vivants sur Terre.

Les spermatozoïdes sont produits par les testicules, dans chacun desquels s'enroulent plus de 350 mètres de tubes séminifères.

Un fil de toile d'araignée est aussi solide qu'un câble en acier de la même taille.

La répartition des groupes sanguins varie selon les origines ethniques. La population indienne du Pérou est exclusivement du groupe O.

L'HINDOUISME EST LA RELIGION PRINCIPALE DE L'INDE. SES FIDÈLES ADORENT 300 MILLIONS DE DIEUX. CHAQUE VILLAGE, AUSSI PETIT SOIT-IL, VÉNÈRE UNE DIVINITÉ LOCALE.

Chaque seconde, notre moelle osseuse produit environ 3 millions de globules rouges pour remplacer les quelque 3 millions qui meurent en même temps. La production journalière de globules rouges dépasse les 200 milliards.

EN MOYENNE, 94 FILLES NAISSENT POUR 100 GARÇONS MAIS, PARMI LES QUADRUPLÉS, LA TENDANCE S'INVERSE AVEC 156 FILLES POUR 100 GARÇONS.

Il aurait été prouvé que les personnes de grandes tailles obtenaient de meilleurs résultats aux tests d'intelligence.

MILLE PLUMES DE DUVET COMPRESSÉES
PEUVENT TENIR DANS UN DÉ À COUDRE.
UNE FOIS LA PRESSION RELÂCHÉE, ELLES
REPRENDRAIENT LEUR VOLUME INITIAL.

Les premières greffes du nez auraient été réalisées
en Inde dès le VIIIᵉ siècle avant Jésus-Christ.
Les greffons auraient été prélevés
chez des femmes adultères.

L'ACIDITÉ DE L'ESTOMAC HUMAIN EST TELLE QU'IL FAUDRAIT DILUER LES SUCS GASTRIQUES ENVIRON QUATRE CENTS FOIS POUR OBTENIR LE MÊME DEGRÉ D'ACIDITÉ QUE CELUI DU COCA-COLA.

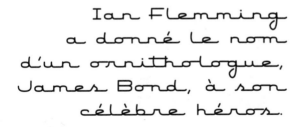

Ian Flemming a donné le nom d'un ornithologue, James Bond, à son célèbre héros.

Mel Blanc,
à qui on doit
la voix de Bugs
Bunny en anglais,
était allergique
aux carottes.

LES GILETS PARE-BALLES, LES ÉCHELLES D'INCENDIE, LES ESSUIE-GLACES ET LES IMPRIMANTES LASER ONT ÉTÉ INVENTÉS PAR DES FEMMES.

Les rois mages s'appellent Gaspar, Melchior et Balthazar.

« Écouter aux portes est un vilain défaut. » Certains voleurs ont pu être identifiés grâce aux empreintes de leurs oreilles. De même que les empreintes digitales, les empreintes auriculaires sont particulières à chaque individu.

En Inde, on peut entendre les 140 principaux dialectes parlés avec 845 accents différents.

En se serrant un peu,
on peut faire tenir
51 000 personnes
sur un terrain de football.

Nul besoin d'aller sur une terre vierge pour découvrir de nouvelles espèces. On a trouvé une nouvelle variété de **fourmi** dans un pot de fleurs au seizième étage d'un immeuble de bureaux allemand.

Si vous avez une peur maladive des animaux en général, vous souffrez de **zoophobie**.

Le cap de Bonne-Espérance n'est pas le point le plus au sud de la péninsule Africaine, comme on le croit traditionnellement.
C'est le cap L'Aghulas,
à 145 kilomètres au sud-est.

L'HYMNE DE L'UNION EUROPÉENNE EST TIRÉ DE LA NEUVIÈME SYMPHONIE DE BEETHOVEN. IL REPREND LE THÈME MUSICAL DE L'*ODE À LA JOIE*.

John Wilkes Booth,
l'homme qui a tiré
sur Abraham Lincoln,
le seizième président
des États-Unis,
était un comédien.

**La cacahuète entre
dans la composition
de la dynamite.**

Les couleurs des cinq anneaux entrelacés sur le drapeau des Jeux olympiques symbolisent l'universalité des jeux, l'union des cinq continents. Chaque pays peut retrouver sur le drapeau olympique une des couleurs de son propre drapeau.

AVANT DE DEVENIR ACTEUR ET DE CONNAÎTRE LA CÉLÉBRITÉ AVEC LE RÔLE DE JAMES BOND, SEAN CONNERY A TERMINÉ TROISIÈME AU CONCOURS DE M. UNIVERS 1950.

Les oreilles d'un chat peuvent pivoter à 180 degrés et sont dotées d'une trentaine de muscles chacune.

Quand vous tapez
sur un clavier d'ordinateur,
votre main gauche fait
56% du travail.

COMME CHRISTOPHE COLOMB PENSAIT ACCOSTER AUX INDES ALORS QU'EN RÉALITÉ IL DÉCOUVRAIT L'AMÉRIQUE, LES PREMIERS COLONS AMÉRICAINS ONT BAPTISÉ UNE VOLAILLE INDIGÈNE « POULE D'INDE ». LE MOT « DINDE » EST RESTÉ.

La fermeture à glissière (plus connue sous le nom de **fermeture Éclair**) doit son succès à la Première Guerre mondiale. Inventée aux États-Unis, ce sont les soldats américains qui la firent connaître en Europe. Elle servait alors à fermer leur **porte-monnaie.**

La plupart des hamsters ne clignent que d'un œil à la fois.

Le pacemaker a été inventé par le Suédois Rune Elmqvist et implanté la première fois en 1958.

Les chances de survivre à un accident d'avion sont plus grandes à l'arrière de l'appareil. On y est le mieux protégé au décollage comme à l'atterrissage, les deux moments où les risques d'accident sont les plus élevés.

Si la poupée Barbie existait,
elle aurait
pour mensurations :
97-58-97.

Il fait souvent plus chaud en ville qu'à la campagne, parce que l'asphalte absorbe et accumule plus d'énergie solaire que l'herbe, les arbres et les plantes en général.

La plus longue frontière européenne entre deux États délimite la Suède et la Norvège sur 1 619 kilomètres de long.

Le tournage de la trilogie du *Seigneur des anneaux* n'a pas été des plus facile pour John Rhys-Davies, l'interprète de Gimli le nain. En effet, son armure pesait 30 kilos et il était allergique à la colle des prothèses.

En moyenne, un ouragan produit plus d'énergie que toutes les centrales électriques du monde.

On donne un nom aux ouragans pour pouvoir les répertorier plus facilement. Ce n'est qu'à partir de 1953 que l'armée américaine décide de les baptiser avec des prénoms exclusivement féminins. En 1979, à la suite de protestations du mouvement féministe, cette pratique dut être modifiée. Depuis, on baptise les ouragans en suivant des listes de prénoms des deux sexes. Les années paires débutent avec un prénom masculin et les années impaires avec un prénom féminin.

À l'origine, les chaussures de **Cendrillon** étaient en fourrure, mais il y aurait eu confusion entre les mots « **vair** » (fourrure du petit-gris, une variété d'écureuil à poil gris) et « **verre** », quand le conte fut repris au XVIe siècle par la tradition folklorique.

**Construite en 1889
par Gustave Eiffel
pour l'Exposition universelle
de Paris, la tour Eiffel devait
être démontée juste après.**

Un jour correspond
au temps que met
la Terre pour tourner
sur elle-même.
Sur Jupiter, un jour
ne dure pas
vingt-quatre heures,
mais neuf heures
cinquante-cinq minutes.

L'autruche d'Afrique est le plus gros volatile du monde. Ses œufs pèsent entre 1,2 et 1,9 kilo, ce qui correspond à 45 œufs de poule.

Si vous laissiez pousser vos cheveux, sans jamais les couper, jusqu'à 77 ans, ils mesureraient entre dix et douze mètres. Mais c'est une longueur purement théorique, car la durée de vie d'un cheveu n'excède pas 5 ans.

À la naissance, un bébé kangourou pèse moins d'un gramme.

En latin, Volvo veut dire « je roule ».

Pour remédier à la mort subite de tous les poissons tropicaux sur le tournage du James Bond *Les diamants sont éternels,* on eut l'idée de congeler les poissons morts et de les suspendre dans l'aquarium avec des fils invisibles pour les faire bouger comme des marionnettes.

Il est impossible d'éternuer les yeux ouverts.

Si vous avez mal à la tête après avoir mangé une glace, c'est parce que les nerfs qui tapissent le palais sont très sensibles au froid. Ils font croire au cerveau qu'il est en danger thermique et ce dernier mobilise les vaisseaux sanguins à l'avant de la tête pour réchauffer la zone. Or, cela n'a pour effet que de vous donner mal à la tête.

Le pelage du tigre
est rayé,
mais sa peau
l'est également.

Le système pileux du paresseux abrite de nombreux insectes, ainsi que quatre variétés d'algues.
Son pelage touffu peut héberger à la fois plus de 120 papillons, près de 1 000 coléoptères et d'innombrables acariens.

Le visage d'E.T., le gentil extraterrestre imaginé par Steven Spielberg, est inspiré des traits du poète Carl Sandburg, du physicien Albert Einstein et d'un chat.

Si pour vous Big Ben est une tour ou une horloge, vous vous trompez complètement. C'est en fait la cloche de la tour de l'horloge située sur Westminster Bridge, à Londres.

L'opossum d'Amérique du Nord fait le mort pour échapper à ses prédateurs. En fait, il lui arrive aussi de s'évanouir de peur, tout simplement.

L'expression
« échec et mat »
vient de l'arabe
cheikh mat
qui veut dire
« le roi est mort ».

RECETTE DU GLOUBI-BOULGA :
de la confiture de fraises, des bananes mûres bien écrasées, du chocolat râpé, de la moutarde de Dijon très forte et une saucisse de Toulouse crue mais tiède. Anchois et crème Chantilly sont en option.

Pour se protéger les yeux contre les fortes tempêtes de sable, les chameaux possèdent deux couches de cils entrelacés.

Les yeux de l'âne sont positionnés de telle sorte qu'il peut voir ses quatre sabots en même temps.

À la naissance, notre squelette compte plus de 300 os alors que, à la fin de notre vie, il n'en a plus que 206.

Le seul mois sans pleine lune
a été répertorié en février 1865.

D'après son auteur Ian Flemming, James Bond serait écossais par son père et franco-suisse par sa mère.

L'œil de l'autruche
est plus gros
que son cerveau.

On avalerait 14 insectes
par an, en dormant.

La tour de Pise penche vers le sud. C'est du haut de cette tour que Galilée aurait mesuré le temps de chute de différents corps pour récuser la théorie aristotélicienne selon laquelle la vitesse de leur chute est proportionnelle à leur poids.

Durant la Seconde Guerre mondiale, la reine Elizabeth II a fait des études de mécanique automobile.

Au Paraguay, les duels sont légaux à condition que les deux protagonistes soient enregistrés comme donneurs de sang.

La taille d'un diamant se mesure en carats. À l'origine, un carat équivalait à la taille d'une graine de caroube. Ce n'est qu'en 1931 qu'on attribua au carat le poids exact de 0,20 gramme.

L'Afrique du Sud a onze langues officielles, ce qui explique parfois la taille des panneaux de signalisation routière : tous les habitants doivent pouvoir les lire.

La Terre pèse environ
5 924 000 000 000 000 000 000 tonnes.

Contrairement à la croyance populaire, Thomas Edison n'a pas inventé la lampe à incandescence, mais il en a amélioré le principe et en a déposé le brevet.

Le rythme cardiaque d'un colibri mâle en colère peut atteindre 1 000 pulsations par minute pour 500 respirations.

En 1820, les scientifiques estimaient l'âge de l'univers autour de 6 000 ans. À présent, le chiffre avancé tournerait plutôt autour de 15 à 20 milliards d'années.

Un trou noir se forme quand une étoile se replie sur elle-même à la suite d'un effondrement gravitationnel. La densité est telle que l'espace se déforme, formant une sorte de puits qui ne laisse aucune lumière s'échapper.

Pour survivre à l'accouplement, certaines **araignées mâles** ont développé une stratégie de défense qui consiste à emmailloter la femelle avant l'acte en question.

Le grand incendie de Londres, qui ravagea la moitié de la ville la nuit du 2 septembre 1666, fit moins de dix victimes.

Les oscars sont en étain et en cuivre, sauf durant la Seconde Guerre mondiale où ils furent moulés dans du plastique… une forme de participation à l'effort de guerre qui réquisitionnait tous les métaux.

Les moustiques se nourrissent de nectar de fleur. Le sang, comme apport protéinique, ne sert qu'aux femelles pour mener leurs œufs à maturité.

Si on extrayait tout le sel contenu dans les océans et mers du monde, il recouvrirait les cinq continents sur 50 centimètres d'épaisseur.

La devise sur les armoiries
familiales de James Bond est
« LE MONDE NE SUFFIT PAS ».

L'OR PUR EST
SI MALLÉABLE,
QU'ON PEUT
LE FAÇONNER
À LA MAIN.

Un cheval-vapeur est une unité de mesure qui correspond à la force nécessaire pour lever 75 kilos à un mètre du sol durant une seconde.

Vingt-six papes ont eu une mort violente et neuf auraient été assassinés (certains avancent un nombre bien supérieur, autour de vingt-cinq).

Si vous souffrez
d'arachnophobie,
c'est que vous avez une
peur maladive des araignées.

« AAAAA » veut dire

« Association Amicale des Amateurs

d'Andouillettes Authentiques »

ou « Association des Authentiques Amis

d'Alphonse Allais ».

Si vous laissez un poisson rouge dans le noir, il finira par devenir tout blanc.

La fameuse tête de cheval coupée dans *Le parrain* a été façonnée par une usine d'alimentation pour chiens.

Les formats de papier internationaux notés A4, A3, etc. ont été inventés en 1922 par un ingénieur allemand.

Il existe plus de 500 phobies, dont la triskaidékaphobie : la peur du nombre 13.

Dans la composition des crèmes glacées, on trouve un épaississant à base d'extrait d'algues.

Depuis 1989, les présentateurs de la cérémonie des oscars n'ont plus le droit de dire : « Et le vainqueur est... » car cela sous-entendrait que les autres nommés seraient des perdants. La formule retenue est : « Et l'oscar revient à... »

LES OISEAUX ONT TOUJOURS LES PATTES FROIDES.

Le nom du koala vient de la langue des aborigènes d'Australie et veut dire « sans eau ». Ce marsupial ne boit en effet jamais, sa consommation de feuilles d'eucalyptus suffit à satisfaire ses besoins en éléments liquides.

Le premier téléphone mobile avec une batterie plus petite qu'un sac fut le NMT900 Phone Curt d'Ericsson. Il pesait autour de 700 grammes et avait une autonomie en conversation de douze minutes.

Nicholas Cage s'appelle en réalité Nicholas Coppola, mais il a préféré prendre un pseudonyme pour ne pas devoir sa célébrité à Francis Ford Coppola, son oncle.

La lèpre est une maladie infectieuse qui touche exclusivement les humains et les tatous sauvages de Louisiane et du Texas.

LA LUNE S'ÉLOIGNE DE LA TERRE DE 3,8 CENTIMÈTRES PAR AN.

La bronthémophobie ou kéraunophobie est la peur irrationnelle du tonnerre.

Les diamants sont faits de carbone et peuvent donc brûler.
Portés à 800 degrés,
ils se transforment en graphite.

Le titre original de *Tombe les filles et tais-toi* de Woody Allen est en fait *Play it again, Sam*, en hommage au film *Casablanca*. C'est en effet une réplique d'Humphrey Bogart, auquel le personnage de Woody Allen essaie désespérément de ressembler.

Une sangsue peut sucer
jusqu'à 2 centimètres cubes
de sang mais, pour cela,
il faudrait qu'elle ait jeûné
toute une année.

Aux Jeux olympiques
intermédiaires d'Athènes,
en 1906, l'une des disciplines
était le lancer de pierre.

Le prénom Wendy est apparu la première fois dans Peter Pan.

Le guépard est l'animal terrestre le plus rapide (80 km/h) ; le voilier, le poisson le plus rapide (104 km/h) ; le martinet, l'oiseau le plus rapide en vol horizontal (160 km/h), et le faucon pèlerin, l'oiseau le plus rapide en piqué (300 km/h).

Avant d'avoir été acteur, Ronald Reagan était commentateur sportif.

Leonardo Di Caprio apparaît pour la première fois à l'écran dans une publicité pour le lait.

Le cœur
d'un embryon
commence à battre
à 3 semaines.

La baleine bleue
a un pénis
de 2 à 3 mètres
de long.

La maladie infectieuse la plus répandue est le coryza, plus communément connu sous le nom de rhume. Elle se retrouve presque partout sur Terre.

L'ovule est la plus grosse cellule du corps humain.

R2D2, le droïde astromécano
de La guerre des étoiles, s'appelle
C1P8 dans la version italienne. Celui
que nous connaissons comme Z6PO
s'appelle en fait C3PO en anglais.

Paul Simon et Art Garfunkel
ont été à l'école ensemble.

Le plus petit État du monde est la Cité du Vatican. Sa superficie est à peine de 0,44 kilomètres carrés.

On ne peut pas éternuer en dormant.

Ayant été découvert
en Californie, l'élément
californium lui doit son nom.

Les balles dum-dum, qui
explosent à l'intérieur du
corps, doivent leur nom à
un arsenal, près de Calcutta,
où elles ont été fabriquées
pour la première fois.

Les puces appartiennent
à la famille des siphonaptères.
Cet insecte parasite peut
transmettre à l'homme
la peste et le typhus.

La peau d'un être
humain adulte pèse
entre 4 et 7 kilos.

Lors de l'enregistrement de la bande originale d'*Opération tonnerre*, un James Bond, Tom Jones s'est évanoui d'enthousiasme en plein studio.

LA PREMIÈRE VERTÈBRE CERVICALE DU SQUELETTE HUMAIN S'APPELLE ATLAS.

Aux Bahamas, les habitants ont des expressions très imagées pour décrire la force des vents. Le banana wind (le vent des bananes) est un vent qui souffle à une telle force qu'il peut en décrocher les bananes des arbres.

Vénus, la deuxième planète de notre système solaire, tourne autour du Soleil dans le sens inverse de toutes les autres planètes.

Inauguré en 1602, le pont Neuf est, comme son nom ne l'indique pas, le plus vieux pont de Paris.

Un lama peut cracher
jusqu'à 5 mètres de distance.

La Voie lactée
comprend entre
200 et 400
milliards d'étoiles.

Notre cerveau
se compose
de plus
de 95 milliards
de neurones.

*Les fils de nylon avec lesquels
sont fabriqués les collants
féminins peuvent être jusqu'à
cinq fois plus fins qu'un cheveu.*

Si la vue d'une ombre
manque de vous faire
passer de vie à trépas,
c'est que vous souffrez
de sciophobie.

**LES MICROBES SONT
TELLEMENT PETITS
QU'UNE SEULE GOUTTE
D'EAU PEUT EN CONTENIR
50 MILLIONS.**

Le seul muscle visible chez l'homme est la langue.

Au cours d'un match de football, un joueur professionnel peut parcourir plus de 11 kilomètres.

Avant de connaître
la célébrité, George Clooney
a fait une apparition dans
Le retour des tomates tueuses,
un film d'horreur jardinière,
un vrai navet.

C'est Galilée qui a découvert que Jupiter possédait des satellites naturels. Les quatre principales Lune de Jupiter furent baptisées Io, Europe, Ganymède et Callisto.

Cléopâtre était parfaitement polyglotte. Elle aurait maîtrisé plus de huit langues.

L'albatros peut voler tout en dormant.

Le premier compte à rebours a été inventé dans un film de science-fiction allemand, *Frau im Mond* (*La femme sur la Lune*). Fritz Lang, le réalisateur, trouvait que ce procédé faisait monter la tension dramatique plus efficacement.

Les vers solitaires sont des parasites de l'intestin. Les plus longs, les *taenia saginata*, peuvent prendre l'homme comme hôte. Les femelles atteignent parfois 10 mètres de long.

Le muscle de l'étrier est le muscle le moins puissant de notre corps. Situé dans l'oreille moyenne, il participe au réflexe stapédien en faisant bouger d'un demi millimètre l'os de l'étrier, qui mesure 3 millimètres.

La langue khmer a **le plus long alphabet du monde** avec **74 lettres**, et elle est parlée par environ 8 millions de Cambodgiens.

Nous partageons plus de 98 % de notre patrimoine génétique avec le chimpanzé, ce qui en fait notre plus proche cousin.

Il est **bon de s'embrasser**, pas seulement pour le plaisir que cela procure, mais **pour l'hygiène buccodentaire**. Lors d'un baiser, la bouche produit plus de salive, et la salive a des **propriétés antibactériennes** contre la formation de la plaque dentaire.

Les quatre anneaux caractéristiques de la méduse commune sont ses organes reproducteurs. Les mâles ont des anneaux blancs, tandis que les femelles ont plus d'anneaux, allant du lilas au pourpre.

Notre système cardiovasculaire fait circuler le sang dans près de 100 000 kilomètres de vaisseaux.

Le dragon de Komodo peut ingérer en quelques minutes jusqu'à la moitié de son poids.

Mach 1 désigne la vitesse du son. Un avion qui passe le mur du son vole à 1 235 km/h environ. La vitesse du son varie selon la température de l'air et l'altitude.

La Terre tourne autour du Soleil à un peu plus de 29 kilomètres par seconde.

Treize réservoirs alimentaient le Concorde en kérosène. Ils contenaient près de 120 000 litres de carburant.

ENVIRON 9 MILLIONS DE PERSONNES FÊTENT LEUR ANNIVERSAIRE LE MÊME JOUR QUE VOUS.

Une mouche de vinaigre peut battre des ailes plus de deux cents fois par seconde.

Il suffit d'une dose
de 120 milligrammes d'arsenic
pour tuer quelqu'un.

C'est John Pemberton, un pharmacien d'Atlanta, qui a inventé le Coca-Cola, en mélangeant, entre autres, des feuilles de coca et des noix de kola. L'effet stimulant originel de la boisson était dû à la cocaïne contenue dans les feuilles de cola.

Winston Churchill serait né dans des toilettes pour dames.

LA LANGUE DU CAMÉLÉON EST PLUS LONGUE QUE SON CORPS.

En 1999, le film danois

Festen a reçu le prix

du pire doublage

en Allemagne.

Le cafard est coriace. Si vous lui coupez la tête, il ne mourra qu'au bout de neuf jours... de faim. Sa résistance est telle qu'il survivrait même à une explosion nucléaire.

Harold P. Brown a été engagé par Thomas Edison pour mettre au point la première chaise électrique. En 1890, William Kemmler fut le premier condamné à mort à être exécuté ainsi.

La première petite amie de John Lennon s'appelait Thelma Pickles.

Durant le vol, la carlingue
du Concorde s'allongeait
de 17 à 20 centimètres
car le métal se dilatait
sous l'effet de la chaleur.

Il existe plus de 30 000 variétés de roses.

En 1908, l'Allemand Friedrich Sertürner réussit à isoler le principe actif de l'opium. Il baptisa cette substance « morphine » en hommage à Morphée, le dieu grec des rêves.

Plus paresseux que le paresseux, le koala passe plus de vingt-deux heures par jour à dormir.

Le rotoka, une langue des îles Salomon, utilise un alphabet de 11 lettres seulement : a, b, e, g, i, k, o, p, r, t et u.

La seringue hypodermique a été inventée par Alexander Wood en 1853.

En japonais, les mots désignant le chiffre 4 et la « mort » se prononcent de la même façon. Il en est de même pour le chiffre 9 et le mot « douleur ». C'est la raison pour laquelle il n'y a jamais de chambre n° 4 ou n° 9 dans un hôtel japonais. Il arrive même qu'il n'y ait pas de 4e étage dans les hôpitaux.

Si vous remplissez un verre
de forme conique à mi-hauteur,
il ne sera en fait rempli
qu'à 12 ou 13% de sa capacité.

Avez-vous déjà essayé de vous lécher le coude ? Vous n'y arriverez pas car c'est physiquement impossible de le faire.

« Avoir la bosse des maths » est une expression qui se réfère à la phrénologie, théorie selon laquelle la forme du crâne déterminerait les facultés et les instincts dominants d'une personne.

Épaisse de 1,5 millimètre, la coquille
des œufs d'autruche d'Afrique
supporte le poids d'un homme
de taille moyenne.

**La khéloniphobie
est la peur maladive
des tortues.**

La plus grande statue réalisée par Picasso se trouve à Kristinehamn, une ville de Suède.

LE CRISTAL DE QUARTZ D'UNE MONTRE DIGITALE ÉMET 32 768 VIBRATIONS PAR SECONDE.

Steven Spielberg a refusé toute rémunération pour réaliser *La liste de Schindler*, considérant que cela aurait été « l'argent du sang ».

Les billets de banque sont fabriqués avec de la pâte de chiffon de coton, ce qui les rend suffisamment résistants pour supporter un passage en machine à laver.

Les requins sont les seuls poissons à pouvoir cligner des deux yeux simultanément.

LE SQUELETTE D'UN REQUIN EST ENTIÈREMENT CARTILAGINEUX.

DOLPH LUNDGREN, LE CHALLENGER RUSSE DE *ROCKY* 4, EST TITULAIRE D'UN DOCTORAT EN CHIMIE, DÉLIVRÉ PAR LE PRESTIGIEUX ROYAL TECHNICAL UNIVERSITY OF STOCKHOLM. IL A ÉGALEMENT FAIT DE HAUTES ÉTUDES EN INGÉNIERIE CHIMIQUE À SYDNEY ET A ÉTÉ ACCEPTÉ AU MIT.

À SA CRÉATION, LE COCA-COLA ÉTAIT PRESCRIT POUR SOIGNER LA MÉLANCOLIE, L'HYSTÉRIE ET LES MIGRAINES.

Mesurant souvent jusqu'à 2,10 mètres, les Hamites du Congo sont probablement les plus grands hommes du monde. Ils vivent non loin des Pygmées, réputés pour être, eux, les humains les plus petits de la planète.

LES CORNES
DU RHINOCÉROS SONT
FAITES DE POILS
AGGLUTINÉS
LES UNS AUX AUTRES.

LE TRÈS BRANCHÉ QUARTIER NEW-YORKAIS DE SOHO DOIT SON NOM À SON EMPLACEMENT AU SUD (SOUTH) DE HOUSTON STREET.

L'HYMNE NATIONAL DE LA GRÈCE EST UN POÈME DE 158 VERS MIS EN MUSIQUE.

LE PLUS LONG NOM DE VILLE DU MONDE COMPORTE 167 CARACTÈRES : KRUNG THEP MAHANAKHON AMON RATTANAKOSIN MAHINTHARA AYUTTHAYA MAHADILOK PHOP NOPPHARAT RATCHATHANI BURIROM UDOMRATCHANIWET MAHASATHAN AMON PIMAN AWATAN SATHIT SAKKATHATTIYA WITSANUKAM PRASIT. CE QUI SIGNIFIE : « CITÉ DES ANGES, GRANDE VILLE, RÉSIDENCE DU BOUDDHA D'ÉMERAUDE, VILLE IMPRENABLE DU DIEU INDRA, GRANDE CAPITALE DU MONDE CISELÉE DE NEUF PIERRES PRÉCIEUSES, VILLE HEUREUSE, GÉNÉREUSE DANS L'ÉNORME PALAIS ROYAL PAREIL À LA DEMEURE CÉLESTE, RÈGNE DU DIEU RÉINCARNÉ, VILLE DÉDIÉE À INDRA ET CONSTRUITE PAR VISHNUKARN. » CETTE VILLE THAÏLANDAISE EST PLUS COMMUNÉMENT CONNUE SOUS LE NOM DE BANGKOK.

Le cochon peut attraper des coups de soleil.

Bruce Willis est gaucher, mais il écrit de la main droite dans une des scènes du Sixième sens pour offrir un meilleur angle à la caméra.

LE DAUPHIN DE RISSO PEUT
VIVRE JUSQU'À QUARANTE ANS
ALORS QUE LE DAUPHIN
COMMUN NE VIT QU'ENVIRON
VINGT-CINQ ANS.

C'est la période de rotation
du Soleil autour de notre galaxie,
la Voie lactée, qui détermine
la durée d'une année cosmique,
c'est-à-dire environ deux cent vingt-
cinq millions d'années.

Le tournage de certaines grandes scènes de bataille du film *Braveheart* a dû être entièrement recommencé parce que des figurants apparaissaient avec des montres ou des lunettes de soleil.

Le 31 juillet 1944, Antoine de Saint-Exupéry, l'auteur du *Petit Prince*, s'envole pour une mission de reconnaissance et disparaît dans des circonstances qui sont restées mystérieuses.

Le mulet est issu du croisement entre un âne et une jument. Alors que le bardot est issu de l'accouplement d'une ânesse et d'un cheval.

La coulrophobie qualifie la peur irraisonnée des clowns.

La série *Star Trek* a failli ne pas aller au-delà de la deuxième saison tellement l'audimat était mauvais à sa sortie.

LES CHEWING-GUMS AMÉRICAINS WRINGLEY ONT ÉTÉ LES PREMIERS ARTICLES À RECEVOIR UN CODE-BARRES.

Si vous êtes atteint de **polydactylie,** vous possédez des doigts ou des orteils surnuméraires.

Marie Curie est la première femme à avoir enseigné à l'université de la Sorbonne. Ayant reçu le prix Nobel de physique en 1903 et le prix Nobel de chimie en 1911, elle est la seule femme à avoir eu deux fois le prix Nobel.

Un éclair fait monter
la température de l'air
à près de 30 000 degrés Celsius, soit
cinq fois plus que
la température
à la surface du Soleil

Dans une des versions
de travail d'*Alien*,
Ripley était un homme.

Une libellule
vole aussi vite
en avant qu'en arrière.

LE PITOHUIS EST UNE ESPÈCE D'OISEAU VÉNÉNEUX DE NOUVELLE-GUINÉE. SES PLUMES ET SA PEAU SONT ENDUITES DE POISON. QUAND UN PRÉDATEUR L'ATTRAPE PAR MÉGARDE, IL LE RECRACHE AUSSITÔT.

SI VOUS ÉTIEZ ACCRO
AU CAFÉ ET QUE VOUS EN
BUVIEZ CENT TASSES
EN MOINS DE QUATRE HEURES,
VOUS RISQUERIEZ DE MOURIR
PAR EMPOISONNEMENT
À LA CAFÉINE.

Avant de prendre des pseudonymes,
Michael Caine et Cher s'appelaient
respectivement Maurice Micklewhite
et Cherilyn Sarkisian LaPiere.

Dix-sept muscles concourent à afficher un sourire sur votre visage. Deux suffisent pour relever les coins des lèvres mais, pour qu'un sourire soit un sourire, les yeux, le front, les joues, les narines sont également sollicités.

Les hommes et les femmes ne se boutonnent pas de la même façon. Ces habitudes viennent probablement du temps où les aristocrates hommes s'habillaient eux-mêmes tandis que leurs femmes avaient des caméristes à leur service. Ces dernières boutonnaient donc les robes de leur maîtresse, boutons face à elles.

La langue qui possède le plus de mots
à son vocabulaire est l'anglais. L' *Oxford
English Dictionary* en recense plus
de 500 000, incluant les termes techniques,
les mots désuets et provenant
de dialectes locaux.

Arnold Schwarzenegger a reçu la bagatelle
de 15 millions de dollars pour reprendre
son rôle de cyborg dans *Terminator 2*.
Comme il n'avait que 700 mots à
prononcer de tout le film, cela fait
un salaire de 21 429 dollars par mot, soit
85 716 dollars pour la célèbre réplique
« *Hasta la vista, baby* ».

Sur un vol Anvers-Londres de 1997, 21 passagers étaient centenaires.

Le nom entier de Gandhi était Mohandas Karamchand Gandhi. On lui donnait le titre de Mahatma Gandhi, Mahatma signifiant « Grande Âme » en sanskrit.

LES INSTRUMENTS CHIRURGICAUX QUI SERVENT À SOIGNER JACK NAPIER APRÈS LE BAIN CHIMIQUE QUI LE TRANSFORME EN JOKER DANS *BATMAN* SONT LES MÊMES QUE CEUX QU'UTILISE LE DENTISTE SADIQUE DE LA *PETITE BOUTIQUE DES HORREURS* DE FRANK OZ.

UNE VARIÉTÉ
D'ESCARGOT
PEUT DORMIR
PENDANT
TROIS ANS.

La plupart des poissons ne dorment jamais. Certains connaissent cependant des phases de repos. Ils s'enfouissent alors dans le sable, s'adossent contre un rocher ou se placent à la verticale. Le poisson-perroquet, quant à lui, met un « pyjama » en sécrétant une douillette enveloppe de mucus.

Le *tyrannosaurus rex*
aurait souffert
de la goutte.

LES MOUSTIQUES REPÈRENT LEUR CIBLE GRÂCE À UN ODORAT TRÈS DÉVELOPPÉ. DES SCIENTIFIQUES ONT IDENTIFIÉ 340 ODEURS, ÉMISES PAR LA PEAU HUMAINE, SUSCEPTIBLES DE LES ATTIRER.

LE PLUS GRAND TABLEAU AU MONDE, *LA BATAILLE DE GETTYSBURG*, MESURE 125 X 21,3 MÈTRES. IL A ÉTÉ RÉALISÉ PAR LE PEINTRE FRANÇAIS PAUL PHILIPPOTEAUX ET SEIZE ASSISTANTS.

Les balles de golf en vente
aujourd'hui ont
entre 300 et 450 alvéoles.

Le mandarin est la langue la plus parlée au monde. C'est la langue maternelle de plus de 900 millions de personnes, alors que l'anglais n'en compte que 332 millions.

POUR OBTENIR UN GRAMME DE SÉRUM ANTIVENIN DE COBRA, IL FAUT LE POISON DE 150 MORSURES.

Émile, le plus jeune frère d'Alfred Nobel, est mort au cours d'une expérience sur la nitroglycérine qui a provoqué l'explosion de l'usine familiale. Ce n'est qu'après une longue série d'essais qu'Alfred Nobel a réussi à créer la dynamite.

Si toute la pluie contenue
dans l'atmosphère
tombait en même temps,
elle recouvrirait la Terre
d'une couche d'eau
de 2,5 centimètres.

**IL FAIT 15 MILLIONS DE DEGRÉS
AU CŒUR DU SOLEIL, ALORS
QU'À LA SURFACE IL NE FAIT
QUE 5 800 DEGRÉS CELSIUS.**

Les larmes sont salées à cause de ce que nous mangeons. Elles proviennent en effet de la filtration du sang par les glandes lacrymales.

Si le dentiste est votre bête noire, peut-être souffrez-vous (en plus d'une rage de dents) de stomatophobie, la peur maladive des dentistes.

Jonathan Frakes, qui interprète le rôle du capitaine William T. Riker dans Star Trek : *Nemesis*, a refusé de se raser le dos pour tourner une scène d'amour. Ses poils ont dû être enlevés numériquement en postproduction.

Dans les codes-barres, la barre verticale noire représente le 1 binaire et la barre blanche le 2 binaire.

LA BAIE DE BUNDY,
EN NOUVELLE-ÉCOSSE,
CONNAÎT LES PLUS HAUTES
MARÉES DU MONDE,
DONT L'AMPLITUDE PEUT
ALLER JUSQU'À 21 MÈTRES.

L'ichtyosaure, un dinosaure marin
du jurassique, avait des yeux de
plus de 22 centimètres de diamètre.

Comment se fait-il que
les filles ne puissent pas mettre
du mascara la bouche fermée ?

Comment se fait-il

que les journaux ne titrent jamais :

« Une médium gagne au Loto » ?

Comment se fait-il que, sous
Windows, il faille aller dans
le menu « démarrer » pour
éteindre l'ordinateur ?

POURQUOI N'Y A-T-IL PAS DE BOÎTES
POUR CHAT AU GOÛT SOURIS ?

Si la boîte noire d'un avion est indestructible, pourquoi ne fabrique-t-on pas l'avion avec les mêmes matériaux ?

COMMENT SE FAIT-IL
QUE LES MOUTONS
NE RÉTRÉCISSENT PAS
QUAND IL PLEUT ?

Si les avions sont aussi sûrs
qu'on le dit, pourquoi dit-on
de l'aéroport que c'est un terminal ?

Pourquoi prend-on la peine
de stériliser l'aiguille de la
seringue d'une injection létale ?

Que se passe-t-il quand
on voyage à la vitesse
de la lumière et qu'on
allume les feux avant ?

Y A-T-IL DES GUIDES
HUMAINS POUR DES
CHIENS AVEUGLES ?

Qu'est-ce qu'un don gratuit ??

SI UN SCHIZOPHRÈNE
MENACE DE SE TUER,
EST-CE UNE PRISE D'OTAGE ?

Si, en pleine crise
d'identité, vous
jouiez à cache-cache,
perdriez-vous automatiquement
sous prétexte que
vous ne vous êtes
toujours pas trouvé ?

QUI VA DÉPANNER
LA DÉPANNEUSE SI
CETTE DERNIÈRE
TOMBE EN PANNE ?

Un autre mot pour synonyme ?

EST-CE QUE L'EAU FLOTTE ?

Où part tout le blanc une
fois que la neige a fondu ?

COMMENT SE FAIT-IL QUE LA COLLE NE COLLE PAS À L'INTÉRIEUR DU TUBE ?

Pourquoi les touches
d'un clavier téléphonique
ne sont-elles pas dans
le même ordre que sur
le clavier d'un ordinateur ?

Pourquoi lave-t-on
ses serviettes de bain alors
qu'on est censé être propre
quand on s'essuie avec ?

Les Américains lancent
du riz lors des mariages,
les Chinois lancent-ils
des hamburgers ?

En natation synchronisée,
si une nageuse se noie, est-ce
que les autres se noient aussi ?